따뜻하고 신비로운
역사 속 꽃 이야기

이야기 역사왕 8

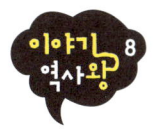

따뜻하고 신비로운

역사 속 꽃 이야기

설흔 글 | 전명진 그림

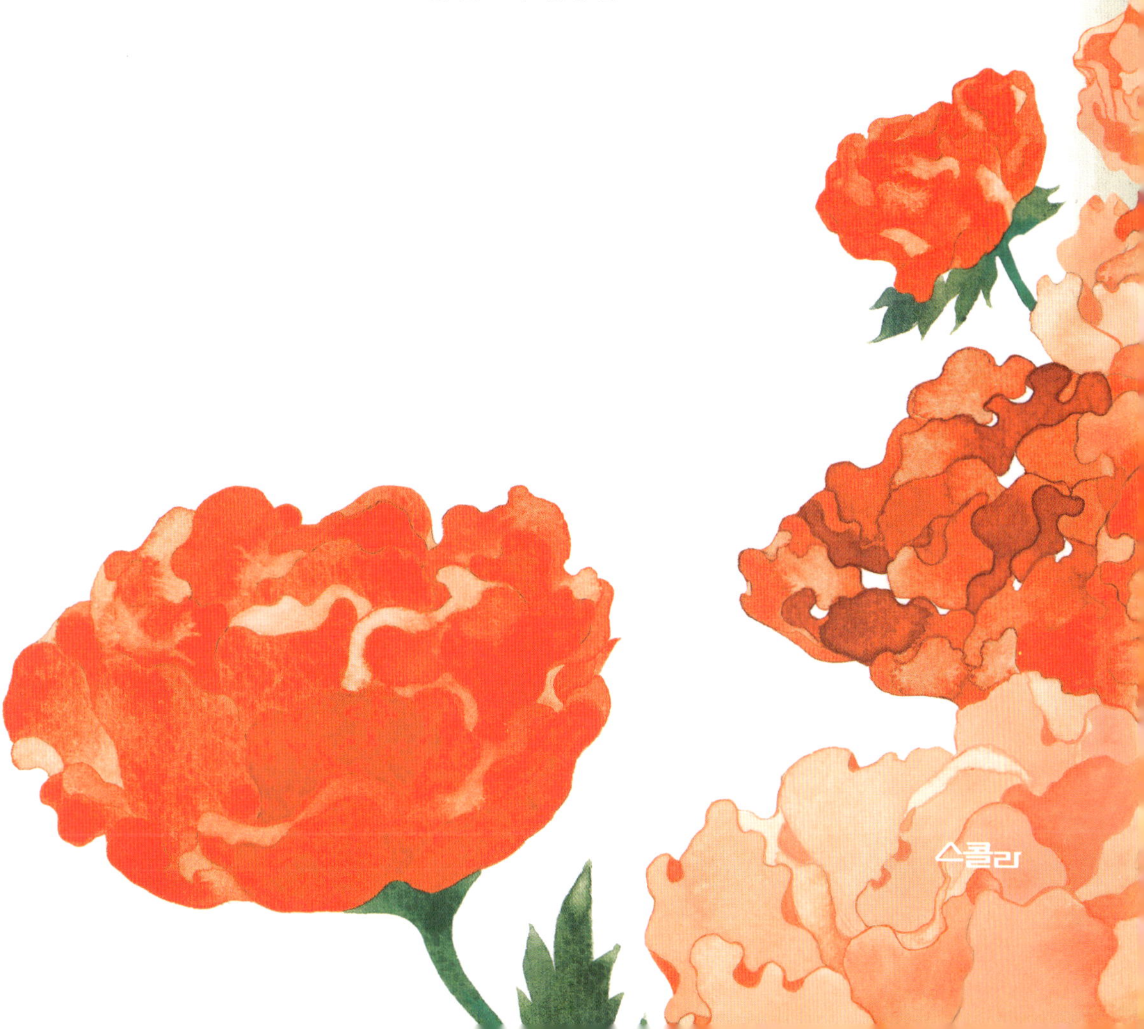

스콜라

들어가는 글

꽃을 좋아하는 사람들에게

너희들, 꽃 좋아하니?
그래, 꽃 싫어하는 사람은 아마 없을 거야.
들판 가득 핀 꽃은 보는 사람의 마음을 따뜻하게 해 주고,
뒤뜰에 핀 꽃은 하루를 상쾌하게 해 주고,
꽃병 속의 꽃은 방 안을 환하게 해 주지.
그런데 꽃은 들판이나 뒤뜰이나 꽃병에만 있는 게 아니야.
우리 역사 속에도 여기저기 활짝 피어 있어.

중국에서 보낸 수수께끼 같은 그림에도 등장하고,
임금님께 들려준 신기한 이야기 속에도 등장하고,
추위를 막아 주는 따뜻한 겨울옷 속에도 등장하고,
아침 일찍부터 깊은 밤까지 꼼짝도 하지 않는 선비의
마음속에도 등장한단다.
아름답고 향기로운 꽃이 도대체 우리 역사와 무슨
관계가 있는 걸까?
이야기 속으로 들어가 보자!

차례

들어가는 글 **꽃을 좋아하는 사람들에게** 4

첫 번째 이야기

중국에서 온 수수께끼 같은 그림 8

이야기 속 역사 읽기
당나라 황제가 향기 없는 모란꽃을 보낸 이유는 무엇일까?

두 번째 이야기

꽃 나라 임금님의 고민 28

이야기 속 역사 읽기
설총의 꽃 나라 이야기에 담긴 깊은 뜻은 무엇일까?

세 번째 이야기

꽃이 따뜻하다고?   46

이야기 속 역사 읽기
왜 문익점은 목화씨를 가져왔을까?

네 번째 이야기

꽃에 미친 사람   70

이야기 속 역사 읽기
왜 박제가는 김덕형을 훌륭한 사람이라고 했을까?

역사 이야기를 좋아하는 아이들만 보는 **역사 퀴즈**   96

아직도 **역사 공부**가 더 하고 싶다면   97

역사 용어 풀이   98

첫 번째 이야기

중국에서 온
수수께끼 같은 그림

신라

혹시 덕만이 누군지 아니? 모른다고?
그럼 선덕 여왕이 누군지는 아니? 신라 최초의
여자 임금님이라고? 오, 이번에는 곧바로 답이 나오는구나.
선덕 여왕은 신라 최초의 여자 임금님이야.
그런데 척척박사보다 똑똑한 너도 모르는 게 하나 있어.
그게 뭐냐 하면 덕만이 바로 선덕 여왕이야.
어때, 까맣게 몰랐지?
자, 지금부터 내가 들려주려는 이야기는 선덕 여왕이
아직 덕만으로 불리던 시절, 그러니까 임금님이 되기 전에
일어났던 이야기야.

진평왕 (?~632년)
신라의 제26대 왕

선덕 여왕 (?~647년)
신라의 제27대 왕

　덕만은 어릴 때부터 무척 영특하고 성품도 너그러웠대. 그래서 아버지인 진평왕은 덕만을 무척 아꼈지. 덕만을 곁에 두고 이것저것 직접 가르치면서 키웠지.

　그러던 어느 날이었어. 중국(당나라)에서 선물을 하나 보내왔어. 그런데 선물이 다른 때와는 좀 달랐어. 보통은 옷감이나 보석 같은 귀한 물건들을 보내왔는데 이번엔 그림 한 점과 꽃씨들이었지.

　의아하게 생각한 진평왕은 그림부터 보았어. 탐스

런 꽃들이 그려져 있었지. 주먹 크기만 한 붉은색, 자주색, 흰색 꽃들이 저마다의 아름다움을 뽐내고 있었어.

'처음 보는 꽃인데 크고 아름답구나.'

진평왕은 그림과 함께 온 편지를 읽고서야 그 꽃이 모란이라는 사실을 알게 되었어. 모란에 대해 들어 본 적은 있어도 직접 본 적은 없었어. 그 당시 신라에는 없던 꽃이거든. 진평왕은 곰곰 생각하다 덕만을 불렀어.

"당나라에서 보내온 그림이다. 그림 속의 꽃은 모란이라고 하는데 정말로 아름답구나. 너에게 꽃씨를 줄 테니 잘 키워 보렴."

덕만은 고개 숙여 꽃씨를 받았어. 그러고는 그림

을 유심히 바라보았지. 진평왕도 함께 그림을 보며 이렇게 말했어.

"모란꽃은 커다란 게 참 탐스럽구나."

진평왕의 말이 끝나자, 덕만은 이렇게 말했어.

"꽃은 탐스럽지만 아마도 향기는 나지 않을 것입니다."

진평왕은 고개를 갸웃하며 물었어.

"향기가 나지 않는다고? 왜 그렇게 생각하느냐?"

"그림 어디에도 나비나 벌이 없습니다. 벌과 나비는 향기를 따르는 법입니다. 그러니까 모란꽃에서는 향기가 나지 않는다고 한 것입니다."

덕만의 말을 들은 진평왕은 그림을 자세히 보았어. 덕만의 말 그대로였어. 모란꽃들은 크고 탐스러웠지만 꽃밭에 있어야 할 나비나 벌은 눈 크게 뜨고 찾아봐도 한 마리도 볼 수 없었어. 진평왕은 고개를 끄덕이곤 이렇게 물었지.

"아무리 그래도 향기 나지 않는 꽃이 있을까?"

덕만은 대답 대신 빙긋 웃기만 했어. 진평왕도 함께 웃으며 말했어.

"그럼 꽃씨를 심어 보자꾸나. 꽃이 피면 네 말이 옳은지 그른지 알게 되겠지."

진평왕은 너무 바빴어. 그래서 꽃씨는 싹 잊고 있었어. 덕만이 들어와 드디어 모란꽃이 피었다고 말하기 전까지는 말이야. 진평왕은 궁금한 것부터 물었어.

"그래, 향기가 나더냐, 안 나더냐?"

덕만은 이번에도 빙긋 웃곤 살짝 발걸음을 옮겼어. 진평왕은 덕만과 함께 꽃밭으로 갔지. 궁금해서 그런지 괜히 발걸음이 빨라졌어.

꽃밭엔 탐스런 꽃이 활짝 폈어. 모란꽃은 그림에서 보던 것보다 훨씬 더 크고 아름다웠지. 진평왕은 살짝 허리를 굽히고 꽃송이에 코를 댔어. 1초, 2초, 3초…… 한참 동안 코를 대고 있었지만 향기는 전혀 없었지. 모란을 심은 꽃밭엔 나비나 벌 또한 전혀 없었지. 그저 꽃만 가득 피었을 뿐이야. 진평왕은 허허 웃으며 말했어.

"네 말대로구나. 꽃은 탐스러운데 향기는 전혀 나지 않는구나."

덕만 공주는 역시 빙그레 웃을 뿐이었어. 진평왕

은 웃음을 지우고는 이렇게 물었어.

"그런데 왜 당나라에서는 하필 향기 없는 모란 꽃씨를 보냈을까?"

덕만이 입을 열려고 하자, 진평왕은 검지를 입에 댔어. 자신도 그 이유를 알고 있으니 아무 말도 하지 말라는 뜻이었지.(이 책을 끝까지 읽으면 너도 이유를 알 수 있을 거야!)

진평왕이 세상을 떠난 뒤 덕만이 임금님이 되었어. 그래 바로 선덕 여왕이지. 사실 진평왕에겐 아들이 없었어. 성골 왕족은 딸들밖에 없었다는 뜻이지. 신라 왕실은 고민에 빠졌어. 이제까지 신라에서 여자가 임금님이 된 적은 없었으니까. 자칫 잘못하면 임금님 자리를 놓고 큰 싸움이 벌어질 수도 있었지. 하지만 다행히 싸움 같은 건 일어나지 않았단다. 그림만 보고 향기가 있는지 없는지 알 정도로 똑똑한 선덕 여왕이라면 나라를 잘 다스릴 수 있다고 믿었기 때문이지.

신라 사람들은 선덕 여왕을 임금님으로 모시고 '성조황고'라는 칭호를 올렸단다. 성조황고는 '성스러운 임금님이자 나라의 큰 할머니'라는 뜻이란다. 재미

성골 아버지와 어머니가 모두 왕족인 사이에서 태어난 이를 말해요. 원칙적으로는 성골 출신만이 임금님이 될 수 있었지요. 하지만 역사학자들 모두가 그렇게 생각하지는 않는답니다.

있는 호칭이지?

하지만 선덕 여왕이 임금님이 된 걸 못마땅하게 여기는 속 좁은 남자들도 꽤 있었단다. 그 중 한 명이 누구냐 하면, 바로 당나라 황제였어. 임금이 되고 나서 선덕 여왕은 당나라에 사신을 보냈어. 그 당시 백제와 고구려는 하루가 멀다 하고 신라 땅을 공격했어. 그래서 당나라에 도움을 요청하러 사신을 보낸 거지. 그런데 당나라 황제는 사신에게 느닷없이 이렇게 물었어.

"백제와 고구려의 공격을 막는 방법을 아시오?"

신라 사신은 당연히 모른다고 대답했겠지. 당나라 황제는 어깨에 잔뜩 힘을 주곤 이렇게 말했단다.

"좋은 방법이 하나 있소. 내 친척을 신라로 보낼

테니 그를 임금으로 삼으시오."

신라 사신은 깜짝 놀라서 고개를 들었어. 당나라 황제는 웃으며 말했어.

"신라가 어려움을 겪는 건 임금이 여자이기 때문이오. 그러니 이웃 나라들이 신라를 경멸해서 자꾸 쳐들어오는 거고."

신라 사신은 뭐라고 대답해야 할지 몰랐어. 당나라 황제의 말이 농담인지 진담인지도 알 수가 없었지. 그래서 아무 말 못하고 땀만 삐질삐질 흘렸지.

물론 당나라 황제는 자기 친척을 신라에 보내지는 않았어. 그러니까 굳이 구분하자면 '농담' 쪽에 조금 더 가까웠지. 그렇지만 엄청 섬뜩한 농담이지? 그 농담 속에 여자인 선덕 여왕을 경멸하는 마음이 잔

뚝 들어 있다는 건 너도 금방 알아챘겠지?

신라 귀족 중에도 여자 임금님을 싫어한 사람이 있었어. 그 사람의 이름은 바로 비담이지. 비담은 '여자 때문에 나라가 망한다.'고 외치며 반란까지 일으켰지만 선덕 여왕에게 크게 패하고 말았단다.

똑똑하고 당차기도 했던 선덕 여왕은 16년 동안 신라를 다스리다가 세상을 떠났어.

마지막으로 믿기지 않는 신기한 이야기 하나 더 해 줄까? 선덕 여왕은 자기가 죽을 날도 미리 알았대. 신하들을 모아 놓고 자기는 몇 월 며칠에 죽을 것이니 그리 알라고 말했대. 신하들은 아무도 안 믿었지만 선덕 여왕은 자기가 말한 바로 그 날, 세상을 떠

비담 비담 이야기는 『나라의 운명마저 바꾼 역사 속 말 이야기』에 자세히 나와요.

났지. 참 대단한 선덕 여왕이지?

선덕 여왕이 죽자 신라 사람들은 몹시 슬퍼했지. 하지만 나라에 임금님이 없어서는 안 되니 서둘러 새 임금님을 뽑았어. 그 임금님이 누군지 아니? 바로 진덕 여왕이야. 신라의 두 번째 여자 임금님이 탄생한 거지.

이야기 속 역사 읽기

당나라 황제가 향기 없는 모란꽃을 보낸 이유는 무엇일까?

> 진평왕이 당나라에서 온 모란 그림과 꽃씨를 덕만에게 보였다. 덕만이 말했다.
> "이 꽃은 아름다우나 향기가 없습니다."
> 왕이 웃으며 어떻게 아느냐고 묻자 덕만이 답했다.
> "그림에 나비와 벌이 없으니 향기가 없는 꽃이겠지요."
> 꽃씨를 심고 보니 덕만의 말대로였다. 덕만의 선견지명이 이와 같았다.
>
> 『삼국사기』 중에서

그림만 보고도 꽃에 향기가 없다는 사실을 알아낸 선덕 여왕, 꼭 셜록 홈즈 같은 명탐정 느낌이 나지? 이 이야기는 『삼국사기』와 『삼국유사』에 실려 있어. 그런데 일이 일어난 때가 달라. 『삼국사기』는 아직 '덕만'이었을 때로 기록되어 있고, 『삼국유사』는 임금님이 되었을 때로 기록되어 있어. 뭐가 맞는지는 나도 잘 모르겠단다.

내가 들려준 이야기는 『삼국사기』에 실려 있는 내용이야. 『삼국유사』에는 조금 더 흥미로운 기록이 있어. 당나라가 다른 꽃이 아닌 '모란'을 보낸 이유가 적혀 있단다. 선덕 여왕은 신하들에게 그 이유를 이렇게 설명했지.

　　당나라 황제는 내가 결혼하지 않고 혼자 사는 걸 놀린 것이다.

향기가 없어 나비도 벌도 가까이 오지 않는 모란이 '혼자 사는 여자'와 비슷하다고 여기며 놀린 거지. 그러니까 똑똑한 선덕 여왕은 당나라에서 여자 임금님을 좋지 않게 여긴다는 사실을 잘 알고 있었던 거야.

역사는 여왕을 어떻게 평가했을까?

'여왕'이라는 자리가 얼마나 어려운 자리였는지 너도 짐작할 수 있겠지. 그렇다면 『삼국사기』를 쓴 김부식과 『삼국유사』를 쓴 일연은 선덕 여왕에 대해 어떻게 생각했을까?

김부식의 생각은 이랬어

> 신라가 여자를 임금님으로 삼은 건 어지러운 세상에나 가능한 일이다. 그러고도 나라가 망하지 않은 게 다행이다.

일연의 생각은 이랬어.

> 세 가지 색깔의 꽃을 보낸 건 신라에 세 명의 여왕이 있을 줄 알고 한 것인가? 당나라 황제도 헤아려 맞히는 재주가 있었던 것이다.

세 명의 여왕 선덕 여왕, 진덕 여왕, 진성 여왕이에요.

김부식은 비난하는 글을 썼지만, 일연의 생각은 좀 달랐지. 너의 생각은 어떠니?

마지막으로 한 가지 더! 모란꽃에서는 향기가 날까, 나지 않을까? 궁금하면 직접 맡아 보렴.

> **생각하는 역사왕**
> - 신라에만 여자 임금님이 있었던 까닭은 무엇일까?
> - 고구려와 백제는 선덕 여왕이 여자라서 신라를 침범했을까?

두 번째 이야기

꽃 나라
임금님의 고민

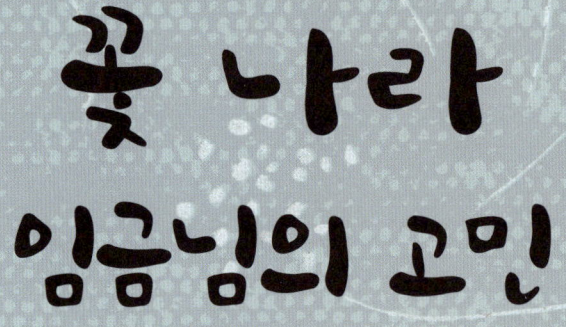

통일 신라

설총은 원효 대사와 요석 공주 사이에서 태어난 아들이지.
설총은 깜짝 놀랄 정도로 똑똑한 사람이었어.
이름부터가 그렇지. 설총의 '총'은 총명하다는 뜻이거든.
또 다른 이름인 자는 '총지'인데, 총명하고 아는 게
많다는 뜻이야.
설총은 신라 땅에 있는 책들을 다 읽었고,
글도 아주 잘 썼대. 이런 설총을 나라에서 그냥 두었겠어?
신문왕은 설총을 곁에 두고 항상 조언을
구했단다. 자기 행동이 옳은지 그른지 곰곰 생각하기
위해서 말이지.

신문왕 (?~692년)
신라의 제31대 왕

설총 (?~?)
신라의 학자

신라 신문왕 때의 일이야. 추적추적 내리던 장마가 끝나고 모처럼 산뜻한 햇살이 세상을 환하게 비추었지. 향기로운 바람도 살살 불어왔고, 급한 일도 없었던 까닭에 신문왕의 마음은 오래간만에 여유로웠어.

　신문왕은 모처럼 생긴 여유를 어떻게 즐길까 생각하다가, 설총을 불렀지.

　"그대라면 틀림없이 기이한 이야기를 많이 알고 있을 것이오. 나한테 들려주지 않겠소?"

설총은 이렇게 답했어.

"꽃 나라에도 임금님이 있습니다. 신하들도 있고요. 꽃 나라 이야기를 한 번 들어 보시겠습니까?"

꽃 나라 이야기라, 틀림없이 신기하고 재미있는 이야기일 것 같았어. 신문왕은 크게 고개를 끄덕였어.

설총은 이야기를 시작했어.

"꽃 나라의 임금님은 바로 모란입니다. 모란 임금님은 외모도 훌륭했고 성품도 뛰어났답니다. 그래서 꽃 나라 백성들은 모란 임금님을 무척 존경했지요. 그러다 보니 나라 곳곳에서 사람들이 임금님을 찾아왔습니다. 모란 임금님 밑에서 일하고 싶다고 말이지요."

"그래서 어떻게 됐소?"

"어느 날 아름다운 여인 한 명이 나타났습니다. 그 여인의 이름은 바로 장미였지요. 임금님은 깜짝 놀랐답니다. 붉은 얼굴에 이는 백옥처럼 희게 빛났지요. 하늘거리는 옷은 또 얼마나 아름다웠는지요. 장미는 임금님 곁에 머물러 있고자 왔다고 했습니다. 자신과 함께 있으면 항상 향기가 가득할 거라는 말도 덧붙였지요."

"그래서 어떻게 됐소?"

"임금님은 장미가 무척 마음에 들었습니다. 당장 곁에 두고 싶었지요. 하지만 또 다른 사람이 찾아왔다는 소식에 아쉽지만 결정을 미루어야 했습니다. 임금님은 장미에게 '잠깐만, 아주 잠깐만 기다리시게나.'라고 말하고는 다른 사람을 만나러 갔습니다.

이번에 온 사람은 장미와는 딴판이었습니다. 제대로 걷지도 못하는 늙은 노인이 비틀거리며 임금님에게 다가왔습니다. 노인은 흰 모자를 쓰고 허름한 베옷을 입고 가죽끈으로 허리를 질끈 동여맸습니다. '저래 가지고 무슨 일을 할까?'라고 생각한 임금님은 살짝 눈살을 찌푸렸지요."

"그래서 어떻게 됐소?"

"임금님은 그래도 멀리서 왔으니 이야기를 한 번 들어 보기로 했습니다. 노인은 이름이 할미꽃이라고 했습니다. 할미꽃은 맛있는 음식으로 배를 채우고 귀한 술로 정신을 맑게 하는 것도 좋지만 더 좋은 것은 정신을 똑바로 차리게 만드는 독한 약이라고 했습니다. 또 좋은 옷도 중요하지만 거친 풀로 만든

옷도 반드시 있어야만 한다고 했습니다."

"좋은 약은 입에 쓰다는 뜻이로군. 그래서 어떻게 됐소?"

"임금님은 고민을 했습니다. 할미꽃의 외모는 볼품없었지만 곁에 두면 도움이 될 만한 좋은 이야기를 많이 들을 수 있을 것 같았지요. 하지만 그렇다고 아름다운 장미를 버릴 수는 없었습니다. 임금님이 고민하자, 지켜보던 신하가 나서서 물었지요. 두 사람이 왔는데, 딱 한 사람만 곁에 둘 수 있다며 누구를 곁에 둘 거냐고요."

"그래서 어떻게 됐소?"

"임금님은 한참 생각한 뒤 속내를 밝혔답니다. 할미꽃의 말은 참으로 좋지만 그래도 장미를 고르겠다고 했지요. 아름다운 사람은 쉽게 구하기 어려운 법이라면서요."

"그래서 어떻게 됐소?"

"임금님은 할미꽃을 불러 자신의 결정을 알렸습니다. 할미꽃은 고개를 한 번 젓더니 임금님께 말했습니다. 올바른 걸 좋아하는 임금님인 줄 알았는데 전혀 그렇지 않아서 크게 실망했다고요. 임금님 같은 사람 때문에 맹자 같은 이도 불우하게 삶을 마쳤다고 말했습니다."

"맹자 같은 성인을 알아보지 못했군. 그래서 어떻게 됐소?"

"맹자라는 이름을 듣고서야 임금님은 자기가 잘못했다는 걸 깨달았습니다. 나라를 다스리는 데 필요

맹자 공자와 더불어 유교의 성인으로 존경 받는 사람이에요. 하지만 맹자가 살아 있을 당시 임금님들은 맹자의 말을 별로 듣지 않았지요. 맹자의 말은 좋은 말이었으나 지키기는 어려웠거든요.

한 사람은 아름다운 장미가 아니라 올바른 말을 해 주는 할미꽃이었지요. 아름다운 사람은 보기에 좋아도 나랏일에 도움이 안 된다는 사실을 비로소 깨달았습니다. 임금님은 할미꽃에게 '내가 잘못했소. 내가 잘못했소.' 하고 용서를 빌었답니다."

이야기는 그걸로 끝이었어. 신문왕은 이야기의 뜻을 곰곰 생각했지.

설총은 신문왕에게 겉만 멀쩡하고 번지르르한 사람이 아니라 쓴 말을 하는 사람을 곁에 두라고 당부하는 거였어. 그래서 신문왕은 이렇게 말했어.

"그대가 이 이야기를 들려주는 뜻을 잘 이해했소. 이야기의 의미를 늘 생각하고 교훈으로 삼겠소."

설총은 빙긋 웃고는 고개를 숙였지.

이야기 속 역사 읽기

설총의 꽃 나라 이야기에 담긴 깊은 뜻은 무엇일까?

> 신문왕은 설총에게 말했다.
>
> "그대는 신기한 이야기를 많이 들었을 테니 나를 위해 들려주지 않겠소?"
>
> 이야기가 끝나자 신문왕은 심각한 표정으로 말했다.
>
> "그대의 우화에는 깊은 의미가 있소. 글로 옮겨 써 주시오. 곁에 두고 교훈으로 삼겠소."
>
> 신문왕은 설총을 발탁해서 높은 벼슬을 주었다.
>
> 「삼국사기」 중에서

설총의 이야기를 재미있게 읽었니? 원래 제목은 「화왕계」야. '꽃 나라 임금님의 교훈'이란 뜻인데 이런 이야기를 '우화'라고 한단다. 동식물이나 사물이 주인공이 되어(이 이야기는 꽃이 주인공이야.) 교훈적인 내용을 전달하는 것이지. 얼핏 들으면 사람들과 관계없는 이야기 같지만 사실은 사람들더러 듣고 깨달으라는 이야기지. 가장 유명한 우화는 이솝 우화야.

이 이야기는 유교와 관련이 있단다. 유교에서는 공자님과 맹자님의 말씀 따르는 걸 중요하게 여긴단다.

유교에 대해 다 설명할 수 없으니 정말 간단히 설명할게. '사람을 아끼고 사랑하는 마음'을 유교에서는 '인(仁)'이라고 해. '인'의 가치대로 살아야 가정이 행복해지고 세상이 평화로워진다는 것이지.

설총은 겉모습이 아름다운 장미보다는 속마음이 아름다운 할미꽃 같은 사람이 세상에 훨씬 더 필요하다고 말하고 싶은 거야. 조금 알쏭달쏭한 이야기지?

설총과 원효 대사

고려 현종 임금님은 설총에게 '홍유후'라는 명예로운 칭호를 내렸어. 홍유후는 '유교의 이념을 널리 퍼트린 분'이라는 뜻이란다. 유교는 우리나라 역사에 굉장히 큰 영향을 미쳤어. 그러니까 설총은 역사적으로 꽤 중요한 분인 셈이지.

재미있는 사실이 하나 있어. 설총의 아버지인 원효 대사는 불교의 역사에서 굉장히 중요한 분이거든. 원효 대사가 지은 『금강삼매론』이란 책은 내용이 훌륭해서 일본과 중국 사람들도 감탄했어. 그러니까 원효 대사와 설총은 우리나라 불교와 유교의 역사에서 빼놓을 수 없는 아버지와 아들이야.

아, 장미에 대해서도 말하고 넘어가야 하겠네. 이 이야기에 나오는 장미가 사실은 해당화라고 여기는 학자들도 있단다. 그저 알고 넘어가라는 말씀!

또 다른 꽃 이야기가 있어

꽃 나라 임금님을 주인공으로 이야기를 쓴 사람이 설총 말고 또 있단다. 조선 시대를 살았던 임제야. 임제는 『화사(꽃 나라 역사)』에서 꽃에 대해 이렇게 썼어.

꽃들은 어질고 미덥고 공평하고 숫자도 많다. 수명도 길게 누리니 타고난 성품이 바르기 때문이다.

임제가 꽃을 얼마나 좋아했는지 알 수 있겠지? 그런데 임제의 이야기는 설총의 이야기보다 훨씬 길고 또 어렵단다. 한 가지 재미있는 건 임제의 이야기 속 임금님 또한 모란이라는 사실! 어떤 내용인지 궁금하다면, 한번 찾아보는 게 어떨까?

> 생각하는 역사왕
> - 이야기를 다 들은 신문왕은 무슨 생각을 했을까?

세 번째 이야기

꽃이
따뜻하다고?

고려

따뜻한 꽃 보았니? 온실의 꽃이냐고? 아니야.
들판에 핀 꽃이야. 그런데 따뜻해.
온실에서 자란 꽃이 아닌데도 만지면 따뜻한 온기를
전해 주는 꽃이 정말로 있어. 바로 목화꽃이야.
우리나라 역사를 통틀어 봐도 목화꽃만큼 사람들에게
큰 영향을 미친 꽃은 찾아보기가 어렵단다. 목화꽃은
우리나라 사람들의 생활을 확 바꿔 놓았으니까.
그럼 따뜻한 꽃 이야기를 지금 시작한다.

문익점 (1329~1398년)
고려 말의 학자

정천익 (?~?)
문익점의 장인

고려 말에 문익점이라는 사람이 있었어. 고려의 관리로 일하던 문익점이 중국(원나라)에 사신으로 갔었을 때의 일이야. 일을 마치고 돌아오던 중에 눈밭처럼 흰 들판과 마주쳤어. 미리 말하는데 겨울은 아니었어. 그런데도 들판 전체가 온통 흰색이었대. 깜짝 놀란 문익점은 곰곰 생각했어.

'혹시 이게 말로만 듣던 목화밭 아닐까?'

문익점은 목화에 대해서 들은 적이 있었어. 목화꽃이 지면 봉오리에서 솜이 나온대. 그 솜으로 실을 짜서 옷을 해 입으면 추운 겨울에도 따뜻하게 지낼 수 있대.

그 당시 우리나라 사람들은 '삼'이라는 풀을 가늘게 째서 만든 베옷을 가장 많이 입었어. 구멍이 숭숭 뚫린 베옷은 더운 여름엔 아주 그만이었어. 하지만 추운 겨울엔 그 구멍으로 찬바람이 마구 들어와 사람들에게 말 못할 고통을 주었지.

문익점은 주위에 묻고 또 물어 밭 주인을 찾았어. 어렵게 찾은 밭 주인에게 정중하게 물었지.

"들판 가득 보이는 것이 혹시 목화꽃입니까?"

밭 주인은 뭐 그런 당연한 걸 묻느냐는 표정으로

고개를 끄덕였어. 문익점은 또 정중하게 물었지.

"꽃씨를 좀 얻어 갈 수 있을까요?"

거절하면 어쩌나 해서 가슴이 조마조마했어. 하지만 밭 주인은 별로 생각하지도 않고 고개를 끄덕였어. 밭 주인은 목화밭에 들어가 솜을 만지작거렸어. 그러고는 문익점에게로 와 손바닥을 내밀었지. 밭 주인의 손바닥엔 열 개 남짓 꽃씨가 있었어. 문익점은 재빨리 그 꽃씨들을 집었어. 혹시라도 주인의 마음이 변하기 전에 말이야.

고려로 돌아온 문익점은 나쁜 일에 휘말려 관직에서 쫓겨났어. 고향으로 귀양까지 가게 되었지. 큰 봉변을 당한 셈이었지만, 문익점은 실망하지 않았지.

귀양 죄를 지은 사람에게 주는 벌의 일종이에요. 서울에서 쫓아내 먼 곳으로 가 머물게 하는 벌이지요.

'차라리 잘됐다!'

문익점은 장인인 정천익을 만났어. 문익점은 정천익과 오랫동안 이야기한 뒤에 정천익이 갖고 있는 땅에 목화 꽃씨를 심기로 했어. 사실 꽃씨를 심어 자라게 하는 게 뭐 대단히 힘든 일은 아니야. 식물이 원하는 시간에 물을 주고 온도를 맞춰 주고 잘 보살펴 주면 그만이지.

하지만 목화 꽃씨는 사정이 좀 달랐어. 목화 꽃씨를 심어서 자라게 해 본 사람이 주변에 아무도 없었거든. 그 말은 목화 꽃씨가 어느 정도의 물을 원하고 어느 정도의 따뜻함을 원하는지에 대해 하나도 몰랐다는 뜻이야.

그러니 어떻게 됐겠어? 네가 예상한 대로 목화는

잘 자라지 않았어. 조금 자라다가 죽고, 조금 자라다가 죽고 그랬어. 천만다행하게도 다 죽지는 않았어. 딱 한 그루만은 살아남아 잘 자랐어. 꽃도 피고 꽃이 진 뒤엔 솜도 생겼어. 솜 안엔 꽃씨도 있었지.

그 다음 해엔 일이 좀 쉬워졌어. 문익점과 정천익은 이제 목화 도사가 되었거든. 언제 물을 주고 언제 따뜻하게 해 주는지 알게 되었어. 두 사람은 손

발을 맞춰 열심히 목화를 재배했어.

목화 재배는 대성공을 거두었어. 죽은 목화는 하나도 없었어. 다 살아남아 꽃을 피웠고 솜을 만들었고 꽃씨를 품었어.

문익점과 정천익은 백 개 가까이 되는 꽃씨를 보면서 이야기를 나누었어. 정천익이 말했지.

"이제 다른 건 몰라도 목화 키우는 것 하나는 자신이 있네."

정천익의 말을 들은 문익점은 웃으며 고개를 끄덕였어. 그동안의 고생도 머릿속을 스쳐 지나갔지. 정천익이 다음 해의 계획을 말했어. 다 듣고 난 문익점은 이렇게 말했지.

"우리가 키우는 것도 좋겠지만 마을 사람들에게도

나눠 주면 어떻겠습니까?"

문익점의 의견에 정천익은 그것 참 좋은 생각이라면서 찬성을 했어. 이렇게 마음이 잘 맞는 사위와 장인도 별로 없을 거야.

문익점은 정천익에게는 내색을 안 했지만 고민거리가 있었어.

'실을 많이 얻으려면 어떻게 해야 할까?'

실을 만들려면 솜에서 꽃씨를 빼내야 해. 그러고는 그 솜을 꼬아 실로 만들어야 해. 그런데 문익점과 정천익은 그 과정에 대해서는 아는 게 없었어.

그저 목화를 재배하고 꽃씨를 얻고, 솜을 얻었을 뿐이었지. 그러고는 손톱으로 꽃씨를 빼내고 일일이 손으로 실을 꼬았어. 일은 너무 힘들었고 얻은 실은 얼마 되지 않았어.

 마을 사람들의 마음도 편치는 않았을 거야. 좋은 작물이라고 해서 키우긴 키웠는데 힘이 너무 많이 드니 말이야.

 그즈음 중국에서 온 스님 한 분이 고려 곳곳을 돌아다니고 있었어. 그러다가 정천익의 밭에 도착했어. 목화밭을 본 중국 스님은 깜짝 놀랐어. 고향에서 보던 목화밭을 고려에서 볼 줄은 몰랐거든. 스님은 목화밭 옆에 있던 정천익의 집 대문을 두드렸어. 무슨 일인가 하고 나온 정천익에게 스님은 이렇게 말했어.

 "목화를 보니 고향 생각이 납니다."

 정천익은 스님을 집 안으로 들여 따뜻한 차를 대

접했어. 정천익은 혹시나 해서 이렇게 물었어.

"혹시 말입니다, 꽃씨를 빼내고 솜으로 실을 만드는 방법을 잘 아십니까?"

정천익은 그냥 혹시나 해서 물어봤던 거야. 늘 목화 생각만 하고 있던 터라서 말이야. 사위인 문익점이 그 문제에 대해 고민한다는 걸 알고 있었거든. 그런데 스님이 뭐라고 대답했는지 아니?

"잘 알다마다요. 절에 있을 때 많이 해 봤습니다."

정천익은 깜짝 놀랐어. 그래서 문익점부터 당장 불러들였지. 문익점과 정천익은 스님이 하는 이야기를 하나도 빼놓지 않고 들었어. 꽃씨를 제거하고, 솜을 말고, 실을 뽑고, 그 실로 천을 만드는 모든 이야기를 말이야. 꽃씨를 빼는 데 필요한 도구, 실을 뽑는 데 필요한 도구, 천을 만드는 데 필요한 도구가 무엇인지도 꼼꼼하게 확인하며 들었어.

그것뿐만이 아니었어. 스님은 고맙게도 직접 도구를 만들어 주겠다고까지 했어. 그 뒤로 며칠 동안 문익점과 정천익, 스님은 잠도 잘 못 잤어. 스님은 도구를 만드느라 잠을 못 잤고, 문익점과 정천익은 잠시도 스님 곁을 떠나지 않으며 구경을 하고, 또 자기들이 본 것을 기록하고, 궁금한 것은 묻고 또 묻느라 잠을 못 잤던 거야.

그렇게 해서 드디어 목화꽃에서 꽃씨를 빼내는 도구인 씨아, 실을 뽑는 도구인 물레가 완성되었어.

정천익은 손재주 좋기로 소문난 여종을 불렀어. 스님은 여종에게 씨아와 물레 다루는 법과 천 만드는 순서를 자세하게 가르쳐 주었어.

 눈을 동그랗게 뜨고 귀를 기울이던 여종은 고개를 끄덕이곤 마침내 꽃씨 빼내는 일부터 시작했어. 혹시라도 실수를 할까 봐 숨도 안 쉬고 조심조심 손을 움직였지.

 문익점과 정천익은 여종의 손만 뚫어지게 바라봤어. 방해가 될까 봐 제대로 소리도 못 내고 그저 속으로만 감탄을 하고 또 감탄을 했단다.

그러다가 마침내 천이 완성되었을 때는 더 참지 못하고 소리를 질렀지. 두 사람은 소리를 지르고, 스님은 허허 웃고, 여종은 수줍게 웃었지.

　문익점과 정천익은 마을 사람들을 모두 모아 놓고 시범을 보여 주었어. 마을 사람들도 두 사람이 그랬던 것처럼 제대로 소리도 못 내고 있다가 천을 보고 난 뒤에야 소리를 질렀지. 문익점과 정천익은 이제 허허 웃었고, 여종은 여전히 수줍게 웃었지.

　이렇게 해서 우리나라 사람들은 추운 겨울에도 따뜻한 옷을 입을 수 있게 되었단다. 중국에 갔다 목화 꽃밭을 보고 그냥 지나치지 않았던 문익점의 눈썰미 덕분에 가능한 일이었지. 어때? 이제 목화꽃이 왜 따뜻한 꽃인지 잘 알겠지?

　마지막으로 너에게 하고 싶은 말이 있어. 문익점 같은 사람이 되어라! 목화꽃이라도 발견하라는 소리냐고? 아니, 그런 말이 아니야. 남들이 그냥 지나치는 사소한 것도 한 번 더 보고 생각하는 사람이 되라는 거야. 꽃 한 송이, 돌멩이 하나에 때로는 놀라운 비밀이 숨어 있기도 하거든. 세상을 확 바꿔 놓을 수 있는 신기한 비밀 말이야.

이야기 속 역사 읽기

왜 문익점은 목화씨를 가져왔을까?

문익점은 길가의 목화를 보고 그 씨 10여 개를 따서 주머니에 넣어 가져왔다. 정천익에게 이를 심어 기르게 했다. 다만 한 개만이 살게 되었다. …… 중국의 중 홍원이 정천익의 집에 이르러 목화를 보고는 너무 기뻐 울면서 말했다.

"고향의 물건을 이곳에서 볼 줄은 생각하지 못했습니다."

정천익은 그를 머물게 하여 대접한 후에 실 뽑고 베 짜는 기술을 물었다. 홍원이 그 상세한 것을 자세히 알려 주고 기구까지 만들어 주었다.

「조선왕조실록」 중에서

문익점은 중국에서 목화씨를 얻어 우리나라에 돌아왔지. 이 이야기는 조선 초기의 기록에 나온단다. 또 다른 이야기가 있는데 들어 볼래?

> 문익점은 고려로 돌아오던 중에 길가에서 흰 꽃을 보게 되었다. 시종인 김룡을 시켜 꽃을 챙겼다. 그런데 밭 주인인 할머니가 이렇게 말했다.
> "목화꽃을 외국 사람이 가져가는 건 금지되어 있다오. 그러니 조심하시게."
> 그 말을 들은 문익점은 목화꽃 세 송이를 붓두껍에 감춰서 가지고 왔다.
>
> 『한죽당섭필』(이덕무) 중에서

위의 이야기는 조선 후기의 기록에 나온단다. 두 이야기가 사뭇 다른데, 조선 초기의 기록에 사람들의 생각이 덧붙여져서 조선 후기의 기록이 만들어진 것은 아닐까?
중국에서 외국 사람이 목화 꽃씨를 가져가지 못하게 했다는 기록은 어디에도 없거든. 게다가 '시종인 김룡', '붓두껍에 감춰서 가지고 왔다.' 따위의 정보는 너무 구체적이라 오히려 믿기가 어려워. 이런 정보가 조선 초기의 기록에 없다는 것도 의심스럽고 말이야. 하지만 어떤 이야기가 맞다고 콕 집어 말할 수는 없어. 그럴 것 같다고 추측할 뿐이야.

이 이야기에서 가장 중요한 건 문익점이 추위에 시달리는 사람들을 생각해 목화꽃 혹은 꽃씨를 가져왔다는 사실이지. 그 덕분에 사람들은 따뜻한 옷을 입게 되었잖아.

조선 시대에는 문익점을 어떻게 평가했을까?

조선의 임금님들은 고려 사람인 문익점을 높이 칭송했어. 아마도 새로운 나라를 세운 일과 목화꽃 혹은 꽃씨를 가져온 일은 모두 백성들을 위해서 한 일이라고 여겼을 테니까. 태종은 문익점의 아들에게 벼슬을 내렸고, 세조는 문익점에게 '부민후', 그러니까 사람들을 부유하게 만든 공을 세운 사람이라는 칭호를 내렸어.

문익점 이전에는 목화가 하나도 없었을까?

학자들의 연구 결과에 따르면 문익점 이전에도 우리나라에 목화가 있기는 있었대. 그렇다면 문익점의 공로는 없던 것으로 되는 걸까? 그렇지는 않아. 목화가 있기는 있었지만 널리 퍼지지는 않았어. 도구들도 없어서 실제 생활에 도움을 주지 못했거든. 그러니까 문익점의 공로는 그대로인 거지.

생각하는 역사왕
- 문익점에게서 배울 만한 점은 무엇이 있을까?
- 너는 두 이야기 가운데 어떤 게 맞다고 생각하니?

네 번째 이야기

꽃에
미친 사람

조선

이번 이야기의 주인공은 꽃을 무척 좋아한 사람이야. 그런데 그냥 좋아했다는 말로는 이 사람의 행동을 설명할 수가 없단다. 이 사람은 꽃을 굉장히, 아주, 많이 좋아했단다. 주위 사람이 미쳤다고 손가락질을 할 만큼 꽃을 보면 아예 정신을 못 차렸단다. 꽃에 미친 사람이라니, 도대체 어떤 사람일까?

박제가 (1750~1805년)
조선의 학자

김덕형 (?~?)
조선의 화가

박제가는 아침 일찍부터 집을 나섰어. 김덕형이라는 사람을 만나기 위해서였지. 사실 박제가는 김덕형을 한 번도 만난 적이 없었어. 그저 소문만 들었을 뿐이야. 소문은 이랬어.

　"꽃 그림 잘 그리기로는 김덕형이 최고일세."

　"눈썰미 좋은 표암 선생이 그림을 얻어 갔으니 말 다했지."

　"김덕형이 그림을 잘 그리기는 하지만, 사람은 좀 이상하대."

표암 선생 조선 후기의 학자이자 화가인 강세황이에요. 김홍도의 스승으로 유명하지요.

"나도 그런 이야기 들었네. 아무래도 미친 사람 같아."

"꼭두새벽부터 한밤중까지 아무것도 안 하고 꽃만 보고 있대."

박제가는 김덕형이라는 사람이 정말 궁금해졌어. 다른 그림은 안 그리고 꽃 그림만 그리는 사람이라니, 새벽부터 밤까지 꽃만 보고 있는 사람이라니, 그런 사람은 도대체 어떤 사람일까? 박제가가 아침 일찍 집을 나선 이유는 그래서야. 조금 늦었다간 김덕형이 꽃을 보러 나가 버릴 테니까 말이야.

김덕형의 집에 도착한 박제가는 문 앞에 서서 큰 소리로 외쳤어.

"안에 누구 있소?"

"들어오시오."

모기처럼 가는 목소리였어. 문을 열고 들어가 보니 마루에 남자 한 명이 앉아 있었어. 몸은 바싹 말랐고 눈은 축 처졌어. 박제가는 속으로 이렇게 생각했어.

'내가 잘못 찾아왔나?'

박제가는 자기소개부터 했어.

"난 박제가요."

남자도 자기소개를 했어.

"난 김덕형이오."

잘못 찾아온 건 아니었어. 몸에 힘이라곤 하나도 없어 보이는 남자는 김덕형이 맞았어. 박제가가 말했어.

"꽃 그림을 좀 볼 수 있소?"

김덕형은 대답 대신 고개만 끄덕였어. 그러고는 마루 한쪽에 놓인 그림들을 보여 주었어. 그림을 본 박제가는 깜짝 놀랐어. 김덕형의 꽃 그림은 색깔, 꽃잎, 줄기, 거기에 솜털까지 진짜 꽃과 똑같았어. 박제가는 이렇게 말했어.

"정말 훌륭하오. 내게 한 장만 줄 수 있겠소?"

김덕형이 줄 것을 기대하고 한 질문은 아니었어. 그런데 김덕형은 이번에도 고개를 끄덕였어. 박제가가 고맙다고 말하는데, 김덕형이 갑자기 자리에서 벌떡 일어나는 거야. 깜짝 놀란 박제가가 물었어.

"무슨 일이오?"

"꽃 보러 갈 시간이오."

김덕형은 대답하자마자 신발을 신더니 빠르게 걸어 밖으로 나갔어. 박제가는 그림 한 장을 얼른 챙기고 김덕형의 뒤를 따랐지.

김덕형의 걸음은 무척이나 빨랐어. 마르고 생기 없는 사람이라는 게 믿어지지 않을 정도로 말이야. 뒤쫓던 박제가는 숨이 차오르는 바람에 한두 번 멈춰 서야만 했지.

한참을 걷던 김덕형이 마침내 걸음을 멈추었어. 김덕형이 멈춘 곳은 강가에 있는 꽃밭이었어. 넓은 꽃밭에 노란 국화꽃이 가득 차 있었어. 박제가가 감탄하며 말했어.

"여기 이런 꽃밭이 있는 줄 몰랐소. 대단히 아름다운 광경이구려."

그런데 돌아오는 대답이 없었어. 김덕형은 아무 말 없이 바닥에 털썩 주저앉았어. 앉은 자세로 국화꽃을 보던 김덕형은 조금 지나자 아예 드러누워 팔베개를 했어. 누워서도 김덕형은 국화꽃만 보았어. 박제가가 슬며시 옆에 앉으며 말했어.

"꽃은 언제 봐도 사람을 즐겁게 해 주오."

그런데 여전히 돌아오는 대답은 없었어. 김덕형은 그저 국화꽃만 보고 있었어. 박제가는 생각했어.

'이 사람, 완전히 꽃에 빠졌군. 오늘은 그만 돌아갈까?'

바로 그때였어. 서너 명의 사람들이 꽃밭을 지나갔어. 지나가면서 자기들끼리 쑥덕거렸어.

"쯧쯧, 꽃에 미친 김덕형이 오늘도 납시었군."

"하루 종일 저러고 있으면 뭐하나? 꽃에서 떡이 나오나? 밥이 나오나?"

듣다 못한 박제가가 그 사람들에게 말했어.

"이 분은 꽃 그림을 잘 그리는 화가라오."

누군가가 박제가에게 대꾸했어.

"그래서 그 그림을 팔아 돈이라도 벌었소?"

박제가는 할 말이 없어졌어. 김덕형은 자기에게도 그림을 그냥 줬거든. 아마 다른 사람들에게도 그냥 줬을 거야.

"그러니까 미쳤다 그러는 거요. 사람이 꽃을 먹고 살 수라도 있다는 거요?"

그들은 뒤도 돌아보지 않고 사라졌어. 박제가는 김덕형을 바라보았어. 김덕형의 자세는 변함이 없었어.

팔베개를 하고 뚫어져라 꽃만 바라보고 있었지. 박제가는 김덕형의 옆에 털썩 주저앉아 꽃을 보았어. 서서 보았을 때와 크게 다르지는 않았어. 그래서 김덕형처럼 누워서 팔베개를 하고 꽃을 보았어. 서서 보았을 때나 주저앉아서 보았을 때와 크게 다르지는 않았어. 게다가 팔이 저려서 오래 있기가 어려웠어.

그래서 박제가는 주위에 있던 느티나무에 등을 기대고 앉았어. 꽃은 보지 않고 김덕형만 보았어.

한 시간이 지났어. 김덕형은 꼼짝도 하지 않았어.

두 시간이 지났어. 김덕형은 꼼짝도 하지 않았어.

세 시간, 네 시간……. 누군가 박제가의 몸을 흔들었어. 졸고 있던 박제가가 깜짝 놀라 눈을 떴어.

"뭐요?"

김덕형이 웃으며 말했어.

"이제 돌아갈 시간이오. 오늘 볼 꽃은 다 봤소."

어느새 주위가 캄캄해졌어. 아침 일찍 집을 나섰는데 한밤중이 된 거야. 김덕형이 하루 종일 꽃만 본다던 소문은 사실이었어.

박제가는 일어나서 기지개를 켰어. 그러고는 김덕

형을 보며 씩 웃었어.

"당신, 참 대단하오."

김덕형도 씩 웃으며 말했어.

"대단하긴요. 그저 꽃이 좋아서 그러는 것뿐이오."

박제가는 그 말을 듣고 머리가 띵 하는 느낌을 받았어. 좋아서 그런다는 게 김덕형의 설명이었어. 박제가는 몹시 부끄러워졌어. 박제가는 자신이 좋아하는 책읽기를 생각했어. 책읽기가 좋기는 하지만 하루 종일 읽을 정도는 아니었어. 한두 시간 읽으면 몸이 배배 꼬였지. 그런데 김덕형은 달랐어. 하루 종일 보고도 하나 질리지 않을 정도로 꽃을 정말 좋아하는 사람이 바로 김덕형이었어. 박제가는 김덕형에게 고개 숙여 인사를 했어.

며칠 뒤 누군가가 아침 일찍부터 박제가의 집 문을 두드렸어. 찾아온 사람은 바로 김덕형이었어. 박제가가 손을 내밀어 맞이했지.

"아침부터 웬일이시오? 오늘은 꽃을 보러 가지 않소?"

"꽃을 보러 가야지요. 한 가지 부탁이 있어 찾아온 거요."

김덕형은 박제가에게 책 한 권을 내밀었어. 제목부터가 참 특이했어. '백 가지 꽃을 그린 책'이 바로 제목이었어. 책을 펼쳐 본 박제가는 깜짝 놀랐어. 한 장 한 장마다 꽃이 그려져 있었어. 진달래, 개나리, 복숭아꽃처럼 박제가가 잘 아는 꽃들도 가끔 있었지만, 대개는 이름도 들어 보지 못한 꽃들이 그려져 있었어. 마지막 장을 본 박제가는 깜짝 놀라 김덕형을 보았어. 김덕형이 말했어.

"며칠 전에 우리가 보았던 국화꽃이오."

국화꽃이 너무 생생했어. 며칠 전의 기억이 그대로 떠올랐지. 박제가는 고개를 끄덕거렸어. 그러고는 물었어.

"나한테 부탁할 게 뭐요?"

"이 책에 서문을 써 주시오."

박제가는 고개를 끄덕거렸어. 박제가의 대답을 들은 김덕형은 또 자리에서 벌떡 일어났어. 박제가가 따라 일어서며 물었어.

"책도 다 완성했는데 또 어딜 가려고 하오?"

김덕형이 신발을 신으며 말했어.

"다음 책을 준비해야 하오. 다음 책은 '천 가지 꽃을 그린 책'이라오."

박제가는 아무 말도 못하고 입만 벌렸어. 백 가지도 대단한데 천 가지라니……, 상상이 가지 않았어. 그 사이 김덕형은 문을 열고 밖으로 사라졌어. 박제가는 보이지도 않는 김덕형에게 이렇게 말했어.

"당신은 미친 사람이 아니오. 당신은 내가 본 사람 가운데 가장 훌륭한 사람이오."

이것이 바로 꽃에 미친 사람 김덕형의 이야기란다. 이왕 미친 사람 이야기를 잔뜩 했으니 나도 너에게 이상한 소리를 하나 할게. 그 말은 이래.

"미친 사람이 많은 나라가 좋은 나라다."

이게 도대체 무슨 소리냐고? 이런 말도 안 되는 소리는 처음 들어 봤다고?

잔뜩 궁금한 눈으로 날 쳐다봐도 소용없어. 난 이 말의 뜻을 절대로 알려 주지 않기로 단단히 마음을 먹었거든. 정 알고 싶으면 방법이 하나 있지. 내가 쓴 말을 앉아서도 읽어 보고, 서서도 읽어 보고, 돌아다니면서도 읽어 보고, 하품하면서도 읽어 보는 거야. 그러면 그 의미가 어느 순간 머릿속으로 톡톡톡 들어오게 될 거야. 그러니까 너도 꼭 한 번 해 보렴. 김덕형이 그랬듯 말이야.

이야기 속 역사 읽기

왜 박제가는 김덕형을 훌륭한 사람이라고 했을까?

> 김덕형은 늘 화원으로 날쌔게 달려간다. 꽃만 바라보고는 하루 종일 꿈쩍도 하지 않는다. 꽃 아래 자리를 마련해 그대로 누워서는 꿈쩍도 하지 않는다. 손님이 와도 아무 말 하지 않는다. 사람들은 김덕형이 미쳤거나, 멍청하다고 생각한다. 그래서 손가락질하고 비웃는다.
>
> 「백화보」 서문 중에서

꽃에 미친 김덕형 이야기를 잘 읽었니? 평생 꽃만 연구하고 꽃 그림만 그린 김덕형이 참으로 대단하게 느껴지지 않니?

사실 이 이야기에서의 '미쳤다'는 건 흔히 쓰이는 뜻과는 조금 다르다는 것을 알아야 한단다. 무슨 말인가 하면 '자기가 좋아하는 일을 남들이 보기엔 미쳤다고 생각할 정도로 열심히 한다.'라는 뜻이야. 조금 어렵지? 예를 들어 볼게.

조선 후기가 되면 한 가지에 '미친' 사람들이 꽤 많이 나타난단다. 이덕무라는 사람은 '책'에 미쳤고, 이서구라는 사람은 '앵무새'에 미쳤고, 이옥이라는 사람은 '담배'에 미쳤고, 정철조라는 사람은 '벼루'에 미쳤고, 김정호라는 사람은 '지도'에 미쳤지.

원래 조선엔 '미친' 사람이 별로 없었어. 모두들 공자님과 맹자님의 말씀만 읽으며 살았지. 조금 어려운 말로 하면 유교의 원리에 딱 맞춰 살았다는 뜻이야.

하지만 조선 후기가 되면서 사정이 좀 달라졌어. 세상엔 공자님, 맹자님 말씀 말고도 알아야 할 게 많다는 생각을 사람들이 하기 시작한 거야. 그런 생각으로 주위를 보니까 모르는 게 너무도 많은 거야.

책에 대해서도 잘 몰랐고, 새에 대해서도 잘 몰랐고, 물고기에 대해서도 잘 몰랐고, 다른 나라에 대해서도 잘 몰랐다는 걸

깨닫게 된 거야. 그래서 사람들은 자기가 잘 몰랐던 것에 대해 공부하고 또 공부하기 시작했지. 요즈음 말로 하면 '마니아'나 '오타쿠'가 탄생한 거지.

하지만 조선 사람들 대부분은 미친 사람들을 경계했어. 공자님, 맹자님 말씀 따라 잘 살고 있는데 괜히 이것저것 들쑤신다고 짜증을 냈지. '완물상지'라는 어려운 말을 써서 욕을 하기도 했어. 완물상지는 어떤 물건을 지나치게 좋아하면 뜻을 해칠 수 있다는 말이야. 잡다한 데 신경 쓰지 말고 공자님, 맹자님 말씀이나 열심히 공부하라는 뜻이야. 꽃에 미친 김덕형이 욕을 먹었던 이유이기도 하단다.

그렇다면 박제가는 김덕형을 어떻게 생각했을까?

박제가가 김덕형의 책에 썼던 서문을 소개할게.

김덕형의 기술은 그 어떤 위인에 비교해도 떨어지지 않는다. 『백화보』를 그린 김덕형은 '꽃의 역사'에

공헌한 공신으로 기록될 것이다. '향기의 나라'에서 제사를 올리는 위인으로 기록될 것이다.

어때? 대단한 칭찬이지? 박제가는 사실 김덕형을 칭찬할 수밖에 없었어. 박제가 또한 중국에 '미친' 사람이었거든.
박제가가 중국에 얼마나 미쳤나 궁금한 사람은 『북학의』라는 책을 살펴보렴. 내용이 조금 어렵기는 해도 박제가가 얼마나 미쳤나 확인하기에는 충분할 테니까. 김덕형, 박제가 같은 사람들 덕분에 조선은 조금씩 바뀌어 갔어. 지금 우리나라가 잘 살게 된 것도 어쩌면 이들 '미친' 사람들 덕분일 거야.

> 생각하는 역사왕
> - 사람들은 왜 꽃에 미친 김덕형을 흉보거나 멍청하다고 생각했을까?

역사 이야기를 좋아하는 아이들만 보는 역사 퀴즈

맞으면 O, 틀리면 X를 써 보아요.

1. 덕만은 선덕 여왕의 이름이다. ( )

2. 선덕 여왕은 자기가 언제 죽을지 알았다. ( )

3. 신문왕은 옳은 말만 하는 설총을 싫어했다. ( )

4. 설총은 뒷날 홍유후라는 칭호를 받았다. ( )

5. 문익점은 일본에서 목화 꽃씨를 가져왔다. ( )

6. 조선은 문익점의 공을 인정하지 않았다. ( )

7. 박제가는 하루 종일 꽃만 바라보았다. ( )

8. 박제가는 김덕형의 책에 서문을 써 주었다. ( )

정답은 뒤쪽에 있어요.

엄마 아빠도 알고 있을까요? 한번 물어봐요!

아직도 역사 공부가 더 하고 싶다면

1. 꽃 박람회나 수목원에 가 보자. 몰랐던 꽃 이름 다섯 개를 적어 보자.

2. 『삼국유사』엔 「수로부인과 꽃」 이야기가 나온다. 조사해 보자.

3. 목화꽃에서 실을 뽑는 과정을 조사해서 적어 보자.

4. 아름다운 꽃 그림을 찾아서 붙여 보자.

역사 용어 풀이

귀양 죄를 지은 사람에게 주는 벌의 일종이에요. 서울에서 쫓아내 먼 곳으로 가 머물게 하는 벌이지요.

맹자 공자와 더불어 유교의 성인으로 존경을 받는 사람이에요. 하지만 맹자가 살아 있을 당시 임금님들은 맹자의 말을 별로 듣지 않았지요. 맹자가 하는 말은 좋은 말이었으나 지키기는 어려웠거든요.

문익점 고려 시대 학자예요. 관직에 있을 때 중국 원나라에 갔다가 목화씨를 가지고 들어와 목화를 널리 퍼트렸어요. 문익점 덕분에 겨울에 따뜻한 옷을 입게 되었지요.

박제가 조선 정조 시대에 『북학의』라는 책을 쓴 실학자예요. 청나라의 문물을 받아들여 상공업을 발전시켜야 한다고 주장했어요.

『백화보』 조선 시대 김덕형이 그린 화집으로, 백 가지 꽃 그림이 담겨 있어요. 박제가가 서문에 글을 써 주었어요.

사신 임금님이나 나라의 명령을 받고 일정한 일을 맡아 외국에 사절로 가는 사람을 말해요.

『삼국사기』 고려 인종 때 김부식이 왕명에 따라 펴낸 역사책이에요. 『삼국유사』와 더불어 우리나라에서 현재 전하는 역사책 중 가장 오래된 역사책이에요.

역사 용어가 어렵다고요? 보고 보고 또 보면 역사 용어와 친해질 수 있어요. 역사 용어를 알면 역사 이야기가 한층 더 흥미진진해지지요. 우리 함께 보면 볼수록 재미있는 역사 용어를 살펴볼까요?

『삼국유사』 고려 충렬왕 때 보각국사 일연이 신라, 고구려, 백제 시대에 있었던 일들을 모아 지은 역사책이에요.

성골 신라 시대, 아버지와 어머니가 모두 왕족인 사이에서 태어난 이를 말해요. 원칙적으로는 성골 출신만이 임금님이 될 수 있었지요. 하지만 역사학자들 모두가 그렇게 생각하지는 않는답니다.

선덕 여왕 신라 제27대 왕으로, 우리나라 최초의 여왕이에요. 632년에 왕위에 올라 16년간 나라를 다스렸어요.

『조선왕조실록』 조선 태조부터 철종에 이르기까지 472년간의 역사를 기록한 역사책이에요. (『고종실록』과 『순종실록』도 있지만, 일본의 간섭을 받으며 편찬되었어요. 그래서 보통 『조선왕조실록』에는 포함시키지 않아요.)

표암 선생 조선 시대의 문인이자 화가인 강세황이에요. 매화, 난초, 국화, 대나무를 합쳐 사군자라고 부르는데, 강세황은 사군자를 특히 잘 그렸어요. 김홍도의 스승으로 유명하지요.

설총 신라 시대 사람으로 원효 대사와 요석 공주 사이에서 태어난 아들이에요. 「화왕계」라는 글을 남겨 유교의 가르침을 전해 주었어요.

96쪽 역사 퀴즈 정답
1. ○   2. ○   3. X
4. ○   5. X   6. X
7. X   8. ○

국립중앙도서관 출판예정도서목록(CIP)

따뜻하고 신비로운 역사 속 꽃 이야기
/ 글 : 설흔 ; 그림 : 전명진. -- 고양 : 위즈덤하우스, 2016
  p.   cm. -- (이야기 역사왕 ; 8)

ISBN 978-89-6247-737-5 74900 ₩9500
ISBN 978-89-6247-478-7(세트) 74900

한국사[韓國史]
역사[歷史]
911-KDC6   CIP2016011696

따뜻하고 신비로운 역사 속 꽃 이야기

초판 1쇄 인쇄 2016년 5월 18일 | **초판 1쇄 발행** 2016년 5월 25일

글 설흔 | **그림** 전명진
펴낸이 연준혁 | **스콜라 부문대표** 황현숙
출판 8분사 편집장 최순영 | **편집1팀** 김민정 | **디자인** 달·리크리에이티브
펴낸곳 ㈜위즈덤하우스 | **출판등록** 2000년 5월 23일 제13-1071호
주소 경기도 고양시 일산동구 정발산로 43-20 센트럴프라자 6층
전화 (031) 936-4000 | **팩스** (031) 903-3891
홈페이지 www.wisdomhouse.co.kr | **전자우편** scola@wisdomhouse.co.kr
스콜라카페 www.cafe.naver.com/scola1

ⓒ 설흔, 전명진 2016
ISBN 978-89-6247-737-5 74900 978-89-6247-478-7(세트)

저작권법에 의해 한국 내에서 보호를 받는 저작물이므로 무단 전재와 복제를 금합니다.
이 책 내용의 전부 또는 일부를 이용하려면 반드시 저작권자와 ㈜위즈덤하우스의 동의를 받아야 합니다.
* 잘못된 책은 바꿔 드립니다.   * 책값은 뒤표지에 있습니다.

스콜라는 ㈜위즈덤하우스의 아동·청소년 브랜드입니다.